SE LIBÉRER DE LA PEUR DES AUTRES

Victor Manuel Fernandez

Se libérer de la peur des autres

Traduction de l'espagnol
par Marie-Lys Wilwerth-Guitard

SALVATOR
103, rue Notre-Dame des Champs
F-75006 Paris

Édition originale :
Victor Manuel Fernandez, *Para que sanes tu angustia por las actitudes de los demás*

Édition française :

Yves Briend Éditeur, S.A.
103, rue Notre-Dame-des-Champs F-75006 Paris
www.editions-salvator.com
contact@editions-salvator.com

Maquette intérieure : Nord Compo
Maquette de couverture : Emmanuel Brejon

ISBN : 978-2-7067-1965-3

Critiques, contradictions, railleries, mépris

Bien que nous tentions de le nier ou que nous ne nous en rendions pas compte, nous dépendons tous de l'opinion que les autres ont de nous. Nous aimons être appréciés, considérés, ou tout au moins être acceptés par les autres – ce qui peut être source de vives angoisses.

Dans ce cadre général, on peut distinguer deux situations extrêmes.

Certains se dépensent sans compter pour être remarqués et pris en compte ; tout ce qu'ils entreprennent, c'est finalement pour acheter l'affection ou l'approbation d'autrui. En agissant ainsi, ils finissent par devenir esclaves des autres.

D'autres, qui se montrent apparemment indifférents, ont forgé une carapace pour survivre et passent pour des orgueilleux qui n'ont que faire de la complaisance et de l'opinion d'autrui. Mais ce n'est rien de plus qu'un mécanisme artificiel qu'ils ont fabriqué parce qu'ils n'ont pas reçu la reconnaissance dont ils avaient besoin et qu'ils ne veulent pas souffrir davantage.

Nous nous situons tous entre ces deux extrêmes. Mais personne ne peut dire que ce que pensent les autres l'indiffère. Personne ne peut affirmer que n'être pas bien traité ne le gêne pas, parce que nous avons tous en nous un instinct de défense qui réagit immédiatement lorsque nous sommes agressés d'une manière ou d'une autre. Nous sommes capables de dominer ce sentiment, mais ne pas rencontrer l'approbation d'autrui ou ne pas se sentir accepté ne nous est pas égal. On n'éprouve pas la même chose quand on est valorisé ou quand on est déprécié.

Nous ne nous réjouissons pas toujours quand quelqu'un nous est reconnaissant ou nous félicite. Par fausse humilité peut-être, ou parce que nous ne savons pas nous laisser aimer. Mais notre véritable cœur se réveille quand nous sommes *mal-traités*, c'est-à-dire quand quelqu'un se montre ingrat à notre égard, ou ne reconnaît pas ce que nous avons réalisé, nous critique injustement ou nous dévalorise, nous raille et se moque de nous. À ce moment-là, nous sommes profondément blessés dans notre amour-propre, même si nous n'en laissons rien paraître.

Nous avalons la pilule amère, et retrouvons la paix au bout de quelques jours. Mais les choses s'aggravent quand nous sommes contestés à tout bout de champ, critiqués à chaque instant, calomniés. Et la situation est pire encore quand il nous semble que plusieurs personnes se sont liguées pour nous dénigrer. Nous commençons à nous poser en victimes de cette société injuste et sentons naître en nous la tentation de nous venger ou de nous isoler du monde « malveillant ».

Cela nous empoisonne au fond de nous, nous attriste et nous déprime. Nous nous exposons ainsi à vivre à moitié et cela finit par nous rendre malades.

Le mieux est de trouver une voie pour fortifier au maximum notre moi intérieur, de sorte que les attaques et les affronts ne nous blessent pas, ne nous dépouillent pas de notre énergie et ne nous abattent pas. Et si nous sommes réellement forts intérieurement, nous ne ressentirons plus le besoin de fuir la société ni de lui garder rancœur.

Il existe divers moyens de faire en sorte que les comportements d'autrui à ton égard t'angoissent de moins en moins, jusqu'à ce que tu puisses te sentir vraiment libre au fond de toi. Avec ce livre, nous allons faire ensemble ce chemin libérateur qui va te permettre de vivre en société, d'aimer et d'être utile, sans te préoccuper de la manière dont les autres te traitent, de l'affection qu'ils te refusent ou de leur manque de reconnaissance. Cela vaut la peine de parvenir à cette liberté intérieure.

I

Tu n'en as pas besoin

Comme tous les sentiments et les émotions négatives (tristesse, peur, stress, etc.), l'angoisse a à voir avec quelque chose que nous repoussons, quelque chose qui ne coïncide pas avec nos choix et nos projets. Prenons un exemple : nous avons décidé d'emménager dans un endroit calme et paisible. Mais voilà que l'on commence à construire un immeuble en face de chez nous. Nous sommes profondément allergiques aux bruits et aux nuisances que cela provoque et notre vie devient un enfer.

Nous nous transformons alors en ces chiens qui se sentent agressés par le bruit des vagues et qui aboient pendant des heures face à la mer ; et nous alimentons une profonde angoisse. De l'extérieur, on pourrait se dire que ce n'est pas si grave, mais quand on prend mal quelque chose et qu'on le rejette, le malaise augmente jusqu'à devenir une angoisse disproportionnée.

Autre source d'angoisse : j'ai décidé de donner une bonne image de moi-même, d'être reconnu et respecté, et voilà que quelqu'un me calomnie et me rend suspect aux yeux des autres, ce qui me blesse profondément. Je crois voir dans leur regard les soupçons du diffamateur. L'angoisse grandit et, comme je me donne de l'importance, j'ai le sentiment d'une immense injustice, le monde me semble infect et je suis un malheureux martyr abandonné au milieu d'une société idiote qui me déteste. Et, pour justifier ma peur, je me dis : « Tout est moche, alors comment ne pas m'angoisser ? » Mais il n'en est pas ainsi.

On peut vivre avec les bruits. La preuve, il y a beaucoup de gens qui vivent au-delà de 80 ans et en bonne santé dans des villes très bruyantes. Elles ont simplement appris à accepter intérieurement cette composante de la réalité et à « laisser passer ». En revanche, si la décision que tu as prise de vivre dans un endroit calme t'obsède, n'importe quel son étrange t'est insupportable. Alors, jette ta décision à la poubelle ! Ne la laisse pas te pourrir la vie qui est si belle et si pleine de possibilités !

De même, il n'est pas nécessaire que tu vives accroché à l'image que tu veux donner de toi. Si l'on a répandu des suspicions sur ta personne, le mieux que tu puisses faire est de continuer à vivre normalement, à sourire et à saluer les autres aimablement, même si tu es affecté au fond de toi. Les autres finiront par oublier peu à peu ce que l'on a dit de toi. Ils auront d'autres sujets de conversation et oublieront tes défauts. Le jour viendra où ils pourront prendre un café avec toi et n'éprouveront aucune difficulté à t'entretenir de leurs soucis.

Libère-toi de cet idéal factice qui consiste à afficher une image parfaite au sein de la société. Tu peux vivre sans cela. Tu peux être très heureux en étant une personne ordinaire, ou un génie sans reconnaissance sociale, comme l'ont été tant de gens qui ont fait beaucoup de bien au monde sans parvenir à la célébrité. Tu peux vivre en paix, travailler avec plaisir et avoir des idéaux même si les autres te critiquent, te calomnient ou répandent des bruits sur ta personne. Laisse passer, comme passent les averses, le vent ou les saisons. Tout finit par passer.

Mais si l'idée d'être reconnu socialement, bien vu, honoré, récompensé, respecté te taraude, alors tout ce qui ne sera pas gratitude, reconnaissance, compliments te fera souffrir et cela ne vaut pas la peine.

N'oublie pas que l'esprit est plein d'idées insolites qui te dominent. Identifie-les et modifie-les.

Ne leur donne pas raison. Si par exemple ton esprit te souffle que tu as besoin de la reconnaissance sociale, ne l'accepte pas et dis-toi énergiquement le contraire : « Je peux très bien vivre sans cela. Le succès et les applaudissements des autres ne me manquent pas. » Et si ton esprit te murmure que t'efforcer ne sert à rien puisque personne ne reconnaît ta valeur, rejette-le immédiatement et affirme : « Même si les autres ne me considèrent pas, je n'en ai pas moins plein de raisons d'être généreux et de m'investir socialement. »

Il est vrai que certains, qui ne travaillent que pour être reconnus, abandonnent leurs efforts s'ils ne le sont pas, alors que nous avons pourtant d'autres raisons plus profondes de nous dépenser et de faire correctement les choses.

La clé de la réussite consiste à oublier cet objectif de succès à tout prix et de reconnaissance sociale qui te pousse à dépendre beaucoup trop de l'opinion que les autres ont de toi, à cesser de n'agir que pour être accepté, valorisé, apprécié par les autres. Tu vas peut-être penser que si tu renonces à tel objectif qui te stimule, tu vas devenir un être passif, conformiste et incapable de progresser. Eh bien, pas nécessairement. Parce que ton objectif peut tout simplement consister à développer au maximum tes capacités, à investir le meilleur de toi-même, à faire germer les graines que Dieu a semées en toi, et à lui rendre grâce en faisant croître les potentiels et les talents qu'il t'a donnés. En tout cas, fais en sorte que ton image extérieure corresponde au projet que le Seigneur a conçu de ta vie. Tu n'as à prouver à personne ce que tu vaux et ce dont tu es capable, ni que tu es une belle personne. C'est un effort inutile, qui n'est pas indispensable et ne vaut pas la peine. Tu n'as qu'à te laisser porter par le Seigneur pour réaliser ce qu'il a rêvé quand il a pensé à te créer.

Ainsi motivé, tu peux te consacrer généreusement à de grands objectifs, même si les autres ne voient pas ou ne veulent pas reconnaître leur valeur, soit par jalousie, soit parce qu'ils ont une sensibilité différente de la tienne. Cela n'a aucune importance. Ce qui compte, c'est que tu sois fidèle à ton être véritable, et fidèle à Dieu qui t'a ainsi créé.

Tu passeras en ce monde en laissant derrière toi la trace que tu devais y laisser, même si l'on ne reconnaît pas tes mérites aujourd'hui. Mais ce que tu accomplis avec amour sera une force positive, un bien et une beauté qui demeureront ici-bas et produiront des fruits précieux. La considération d'autrui te viendra peut-être après ta mort et tu ne seras pas le seul. Cela est arrivé à bien des personnes importantes qui n'ont pas été reconnues de leur vivant. En quoi est-ce important ? Tu n'as pas besoin de l'approbation d'autrui. Ce n'est pas elle qui te confère ta valeur, mais le cœur en paix pour être ce que tu devais être. Le vent emporte tout le reste.

« Qu'ajoute à mon contentement d'être du doigt vain signalé si, en quête de ce vent, j'avance découragé, traversé par de vives angoisses et un besoin mortel d'attention ? » (frère Luis de León).

Il y a d'autres choses. Opte pour elles

Si tu n'as pas réussi à t'attirer la reconnaissance des autres pour tes efforts, leur approbation, leurs félicitations, s'ils ne t'accordent pas l'estime que tu souhaiterais, tourne-toi vers ta vie : elle te propose bien d'autres choses en échange.

Nous vivons dans un monde riche et varié. Imagine un martien qui contemplerait notre planète : que ne donnerait-il pas pour un petit coin de verdure de notre Terre ! Pour une petite fleur, une simple source ou un oiseau ! Nous, nous avons tout à découvrir, partout, dans chaque ville, dans chaque rue, dans tous les chemins de campagne. Et par-dessus le marché, nous avons aujourd'hui la chance de pouvoir faire usage de la technologie : la télévision et Internet nous montrent dans l'univers des tas de choses merveilleuses que nous ignorons. Rien que nos corps et le prodige d'être vivants, ce miracle de la vie qui éclot en nous, devraient nous inciter à nous étonner et à rendre grâce en permanence.

Pourtant, nombreux sont ceux qui traînent leur angoisse, qui mènent une vie triste, sans joie, sans entrain, qui survivent et perdent des milliers d'occasions de se réjouir. C'est peut-être parce qu'ils ont rencontré des problèmes avec leurs semblables, ou par crainte de n'être pas aimés, par peur de la solitude ou de l'abandon, parce qu'ils ne s'aiment pas eux-mêmes, que ceux-là ont perdu la capacité de jouir de la vie. Ils ne voient que l'imperfection et les limites des choses et ont toujours une impression de manque.

Mais tandis qu'ils se lamentent intérieurement, qu'ils ruminent leur amertume et leur déception, il y a autour d'eux un monde que Dieu leur a offert par amour et qui ne demande qu'à être découvert. Je ne me lasse pas de répéter ce texte biblique dans lequel on peut lire que « Dieu nous procure tout richement, pour que nous en jouissions » (1 Tm 6, 17). Pour que nous en jouissions ! Pour que tu en jouisses !

Certes, me dit-on, mais il y a la pauvreté. Ce n'est pas une bonne excuse. Car, la majorité des gens pauvres que j'ai connus savent pleinement profiter des petits plaisirs de la vie, en dépit de leurs angoisses et des limites dues à la pauvreté. Ils sont même maîtres en la matière ! Ce qui n'est pas le cas des gens qui appartiennent aux classes plus aisées, que j'ai rencontrés et qui ont, à l'inverse, l'art de compliquer les choses.

À l'issue d'une conférence que j'ai faite il y a peu devant un groupe de personnes financièrement à l'aise, une femme, le visage décomposé, est venue me critiquer vigoureusement : « Mais la vie est très dure, très dure ! » Je lui ai donné raison, mais lui ai rétorqué que cela ne contredisait en rien ce que j'avais expliqué. Devant son insistance, je lui ai demandé à quoi elle se référait concrètement lorsqu'elle évoquait la dureté de la vie. Elle m'a alors confié qu'elle vivait depuis des mois dans l'angoisse et trouvait la vie très dure, parce que son mari avait déjà offert deux voyages en Europe à leur fille aînée, alors que leurs deux fils plus jeunes n'avaient eu droit qu'à des vacances au Brésil ou dans les Caraïbes !

Je comprends la préoccupation de cette femme, mais je pense que si elle en était un jour réduite à vivre dans la pauvreté, elle se suiciderait. Cette situation m'a porté à m'examiner moi-même et à m'interroger. Ne m'est-il pas arrivé quelque chose de semblable ? Ne me suis-je pas tourmenté outre mesure pour des choses qui n'en valaient pas la peine ? Ma joie de vivre n'a-t-elle pas été entamée par de petites ou de grandes craintes qui n'ont pas le droit de ruiner ma vie ? Bien sûr que si. Nous avons tous cette tentation. Le souci de notre réputation auprès d'autrui est parfois si compliqué qu'il absorbe toute notre énergie. C'est pourquoi il faut parfois remettre les choses à leur place, cesser de se lamenter et regarder le monde admirable et si riche que Dieu nous a offert.

Si tu prends le temps de regarder le ciel, tu pourras te dire que, rien que pour ce spectacle, cela vaut la peine d'être né. Si tu te laves soigneusement le visage en profitant de la fraîcheur de l'eau, tu pourras sentir que cette expérience justifie à elle seule de vivre sur cette terre. Il suffit que tu contemples un bel arbre, que tu prennes pleinement contact avec lui pour apprécier la vie et rendre grâce.

Ne demande pas davantage, n'aspire pas à trop, contente-toi de ce que t'offre la vie, avec ses limites. Engage-toi sans douter et tire le meilleur de ce que tu fais, sans demander plus. Tiens-toi à cela. N'attends pas la perfection des choses terrestres, car elles sont magnifiques telles qu'elles sont. Ne laisse pas d'emprise à ton esprit s'il te souffle qu'il est inutile de se donner du mal puisque rien n'est parfait. Ne l'écoute pas et dis-toi au contraire : « Si, cela vaut la peine, même si c'est imparfait. Oui, tout est limité, mais c'est beau et mérite d'être apprécié. »

Le travail qui t'incombe aujourd'hui peut lui aussi être beau si tu l'acceptes, si tu t'y adonnes sans hésiter et sans chercher à t'en débarrasser. Si tu peux en avoir un plus agréable, tant mieux ; mais sinon, si c'est vraiment cette tâche qui te revient, alors effectue-la en y mettant tout ton cœur et qui sait si elle ne t'apportera pas alors plus de satisfaction que tu ne l'imagines. Si tu apprends à accepter avec reconnaissance la vie telle qu'elle est et à en jouir, alors que t'importe le regard des autres, que t'importe s'ils te valorisent ou non, s'ils t'applaudissent ou te critiquent ! Tu n'as pas besoin de leur opinion. Ta vie vaut bien davantage !

Mon Dieu, tu connais mes pensées
les plus profondes,
tu sais parfaitement mes sentiments,
mes émotions,
mes drames intérieurs.
Tu sais combien je me complique la vie,
combien mon esprit est pollué
par des pensées toxiques.
Au fond de moi, je me lamente
et perds toute mon énergie.
Délivre-moi, Seigneur,
délivre-moi de ce besoin idiot d'être reconnu,
d'être accepté par les autres.
Je veux être serein à tes yeux,
et profiter en paix de cette belle vie.
Toi seul peux calmer mon cœur tourmenté.
Entre au tréfonds de moi et libère-moi,
Seigneur.
Amen.

II

Le courage d'être fidèle à soi-même

Nous sommes souvent enclins à nous laisser envahir par le ressentiment et à nous isoler. Mais nous ne sommes pas faits pour l'isolement : il nous affaiblit, nous rend malades, nous consume et finit par nous détruire. Toutefois, la fragilité et les peurs qu'être fidèle à soi-même peut engendrer nous portent parfois à nous adapter totalement à ce que les autres veulent que nous soyons : on leur donne toujours raison et on évite de dire ou de faire quoi que ce soit qui pourrait leur déplaire ; pour ne pas avoir de problèmes avec eux, on renonce à être soi-même ; pour ne pas déranger, on se suicide en quelque sorte. Ce n'est d'aucune manière une bonne solution.

N'oublie pas que ta façon d'être, de penser et de vivre est unique. Par ton existence, tu offres au monde une contribution personnelle et originale que tu ne pourras pas lui apporter si, pour te conformer aux autres, tu renonces à être véritablement toi-même.

Ton identité t'attirera toujours des problèmes, parce que ton comportement et ton action plairont aux uns mais déplairont aux autres ; parce que tu en incommoderas certains par ta manière d'affronter les choses, de parler, de penser, etc. Et c'est complètement normal. Il serait irréaliste de prétendre le contraire. Tout comme l'huile et l'eau se mélangent difficilement, il existe au sein de la société des natures qui ne s'harmonisent pas facilement. Par exemple, deux personnes ne s'entendent pas nécessairement pour former un couple. Elles peuvent se respecter, dialoguer aimablement, mais un mariage serait voué à l'échec. Et il peut arriver que ces personnes, avec qui tu ne pourrais vivre, fassent partie de ta famille, de ta communauté, de ton quartier, de tes collègues. Alors, il est possible qu'elles ne soient pas à l'aise avec toi. Mais s'il leur en coûte de t'accepter tel que tu es, cela ne veut pas dire qu'il te faut, toi, renoncer à ta propre identité, à la manière d'être qui est la tienne, à cette contribution unique que toi seul peux apporter au monde.

Ce serait être infidèle à Dieu qui, dans son génie infini, a souhaité que les gens soient différents les uns des autres, très différents même parfois, pour que le monde nous offre son extraordinaire variété. Chaque individu est une partie du projet divin, un projet d'amour, et chacun dispose, dans l'univers, d'une place que Dieu a voulue pour enrichir cet ensemble merveilleux et varié. Rien ni personne n'est vain, inutile, inutilisable. Moi non plus. Toi non plus.

Il est vrai que l'on peut se demander parfois si les autres n'ont pas raison, s'il n'y a pas quelque chose que je peux changer ou améliorer, s'il n'est pas légitime qu'ils s'offusquent de ma conduite, de ma manière d'être et d'agir. Nous avons tous quelque chose à « peaufiner ». Et il est vrai aussi qu'il me faut parfois négocier certains de mes intérêts pour pouvoir maintenir un minimum de vie en commun, mais jamais en renonçant à être moi-même, à mon identité. Je ne dois pas faire abstraction de mes qualités personnelles pour ne pas risquer de perturber les autres.

Il te faut parfois lutter un peu pour rester fidèle à ton être propre, et le faire non par orgueil, par individualisme ou par vanité, mais parce que ton être véritable est la contribution que tu dois au monde et à Dieu. Si les autres ne reconnaissent pas sa valeur, le Seigneur, lui, la reconnaît, tu peux en être sûr. Parce qu'il t'a créé différent, il t'aime différent et il souhaite que tu apportes à l'univers ce qui te rend spécial, même si parfois tu déranges.

N'oublie pas cette maxime que j'ai plaisir à répéter : « La rose est parfaite comme rose, l'iris est parfait comme iris. Chaque fleur est, en son genre, la meilleure du monde. Ta seule obligation est de tirer le meilleur de toi-même. »

Alors détache-toi de ton obsession de vouloir plaire à tout le monde, d'être considéré, encensé. Utilise plutôt ton énergie à être plus fécond, à mettre à profit ce qui est bon et beau en toi, et engage-toi pour des choses qui valent la peine. Tu as le droit et le devoir de tirer le meilleur de toi-même, avec respect, délicatesse et amour, même si les autres t'ignorent ou te rejettent.

Si tu acceptes de subir l'agressivité des autres pour accomplir ta mission sur cette terre, leurs critiques et leurs objections ne vont plus t'angoisser autant. En tout cas, si après que les choses se sont un peu apaisées tu éprouves un mauvais sentiment, tu sens qu'il y a désaccord, tu dois exposer le problème et en discuter ouvertement et sincèrement avec l'autre, sans l'agresser inutilement. Laisse-le aussi te dire tout ce qui le blesse et le tourmente, car ce qu'il tait et garde en lui peut, à la longue, devenir une bombe à retardement. Et puis en discutant ainsi, l'autre peut te révéler quelque chose que tu ignores, te faire découvrir des aspects que tu négliges, t'aider à ravaler un peu ton orgueil, etc. Si tu trouves le ton juste, si tu affrontes l'autre sans le culpabiliser, vous allez discerner tous deux ce que chacun peut apporter pour trouver ensemble une solution. Personne ne peut exiger de toi ce que tu ne peux apporter, personne ne peut te rendre seul responsable.

Les autres ont-ils parfois entièrement raison quand ils te critiquent ? En partie seulement ? Tu as commis des erreurs ? Tu t'es emporté pour une vétille ? Tes faiblesses et tes limites font évidemment partie de ta vie ici-bas. Si le reproche que l'on te fait est justifié, accepte-le et demande pardon. Mais ton Créateur, qui t'aime, n'attend pas de toi que tu disparaisses sous le mépris des autres. Il te veut vivant et fécond, même si tu t'es trompé et même si tu continues à te tromper. Alors ne te laisse jamais rabaisser, ne permets jamais que l'on t'anéantisse.

Aucune recette ne pouvant être appliquée pareillement à chacun, il te faut donc être absolument honnête avec toi-même. Si tu as tendance à te déprécier et à trop dépendre des autres, il te faudra faire un effort pour te mettre en valeur, te défendre et ne pas te laisser piétiner. Si tu as au contraire un tempérament plutôt dominateur et si tu risques de trop t'imposer, de manquer de respect, d'écraser les autres, il te faudra y faire attention et modérer certains de tes comportements. Tu peux aussi, par excès de scrupules, avoir tendance à toujours te culpabiliser, ou, par vanité, à rejeter toujours la faute sur les autres. Comme il n'est pas toujours facile d'être très objectif dans ce genre de situation, je te recommande d'avoir recours à un bon conseil, une personne neutre et pleine de bon sens, avec laquelle tu pourras discuter pour faire adéquatement la part des choses.

Même si je peux me tromper, même si j'ai mes faiblesses, même s'il y a du vrai dans ce que les autres disent de moi, même s'il me faut continuer à mûrir, je ne peux renoncer à de grandes choses, à offrir au monde le meilleur de moi-même, à développer mes capacités et à réussir des choses précieuses. Le Seigneur n'attend pas de son fils bien-aimé qu'il renonce à la vie à cause des erreurs qu'il a commises. Le Père attend toujours de lui qu'il recommence. J'en ai le droit, je suis son fils bien aimé, et la tendresse avec laquelle le Père m'a créé me confère une grande dignité. Dieu m'aime vivant, actif et toujours renouvelé. Nul n'a le droit de me détruire. Personne, absolument personne. Je ne nie pas aux autres le droit d'être heureux et féconds, mais, par fidélité à Dieu, je ne peux pas non plus me nier moi-même, et surtout pas pour le plaisir d'autrui. « La gloire de Dieu, c'est l'homme vivant », disait saint Irénée. La gloire de Dieu, c'est aussi que je continue à vivre, que j'avance, que je déploie le meilleur de moi-même. Alors au diable l'angoisse ! Et en avant !

Seigneur bien-aimé,
tu as décidé de mon existence
avec un amour infini.
Tu as voulu m'attribuer une place
en ce monde,
et tu m'as empli de capacités.
Tel que je suis,
j'ai une beauté unique que tu apprécies.
Aide-moi à m'aimer, à me respecter,
à reconnaître ma valeur, même si les autres
ne la voient pas.
Donne-moi la liberté intérieure
pour ne plus dépendre du regard d'autrui,
pour donner le meilleur de moi-même,
sans attendre les éloges.
Donne-moi la force divine,
pour que rien ne m'abatte,
pour aller de l'avant et développer mes dons,
avec une joie sereine et une ferme espérance.
Amen.

III

Ne pas chercher à dominer le monde

Si l'angoisse peut être liée à un sentiment d'infériorité, elle peut aussi provenir d'un sentiment d'orgueil et de vanité. Pour guérir de celle-là, il te faut rejeter vigoureusement l'envie démoniaque d'être le centre de la réalité, maître des autres et du monde.

Si l'obsession d'être reconnu, applaudi, approuvé et flatté ne te quitte pas, tu assujettis les autres, comme si tu étais le centre du monde. Certains s'adaptent et acceptent ce rôle, mais d'autres résistent et refusent de t'adorer comme si tu étais une idole. Ils se défendent et se protègent, pressentant que tu veux les posséder, leur enlever leur souveraineté décisionnelle et diriger leur vie. Et s'ils sont plusieurs à te disputer la place centrale, les uns supplanteront les autres et, tôt ou tard, la concurrence sera féroce.

De surcroît, l'ambition va *crescendo*, devient de plus en plus exigeante. Si on te félicite et si tu en ressens de la vanité, cela ne va bientôt plus te suffire, tu en voudras davantage et tu ne supporteras plus que l'on t'affronte, que l'on te critique ou t'ignore. Or, rappelle-toi ce que dit l'Évangile : « Quel profit y aura-t-il pour un homme, s'il vient à gagner le monde entier, mais porte préjudice à sa vie ? » (Mt 16, 26).

Si au fond de toi l'obsession d'être reconnu aux yeux des autres occupe une place importante, tu ne cesseras pas de rencontrer des problèmes avec eux. C'est la raison pour laquelle Charles de Foucauld, grande figure spirituelle française, choisit une autre option et pria le Seigneur : « Donne-moi la dernière place, celle que personne ne voudra me ravir. » Plus tu te donneras d'importance et plus tu te rendras suspect. Et c'est d'autant plus vrai aujourd'hui, alors que la méfiance est omniprésente, tant les déceptions ont abondé au cours des dernières décennies : promesses non tenues, désordre, corruption, aussi bien dans la société qu'au sein de l'Église. Tu n'accepteras donc pas d'être désapprouvé. Si tu veux une place de premier plan, que ce soit dans ta famille, dans ton groupe d'amis, où que tu sois, tu vas souffrir.

L'anxiété s'ajoute à l'angoisse. Lorsque survient un problème avec les autres ou si quelqu'un s'interpose dans tes projets et les contrarie, l'anxiété te pousse à te débarrasser rapidement de ce qui se met en travers de tes plans. Tu vas devenir agressif et ce n'est pas le meilleur moyen, loin de là ! Pour te défaire sérieusement de ton angoisse, tu dois t'armer aussi d'un peu de patience. Tout en ce monde a besoin de temps. Dans les relations humaines, certains problèmes ne peuvent bien se résoudre que lentement, petit à petit, avec une infinie patience. Mais les orgueilleux impatients, qui aspirent à se rendre maîtres du monde en un instant et utilisent les autres à leurs propres fins, ne font qu'approfondir le gouffre de leur angoisse.

Alors, si tu préfères vivre en paix, contente-toi de faire le bien, de lutter pour tes idéaux, de t'engager avec générosité, mais toujours en faisant profil bas, en étant discret, sans rechercher les honneurs. C'est faire le bien en toute humilité, à l'exemple de Jean-Baptiste qui a su dire à ses disciples : « Suivez Jésus, moi je ne suis pas digne. » Parce qu'« il faut que celui-là croisse, et que moi, je diminue » (Jn 3, 30).

Une parabole orientale évoque un arbre ordinaire qui, parce qu'il n'intéresse personne, reste élancé, vigoureux et heureux durant des siècles. On lui préfère des arbres plus nobles, plus élégants, de grande qualité qui, eux, disparaissent tous, les uns après les autres.

Je te rappelle que cela ne signifie pas renoncer à de grandes choses, à de beaux projets, à être fécond. Cela veut seulement dire renoncer au paraître, qui est ce qu'il y a de plus insignifiant au monde.

La vertu des forts

En réalité, l'humilité véritable, loin de t'affaiblir, te renforce, t'aide à t'extraire de toi-même pour donner la vie, à être fidèle à ton identité. En étant humble, tu t'aimes toi-même d'un amour sain, tu te libères du besoin de te comparer sans cesse à autrui et d'être reconnu, et tu peux te consacrer totalement à une mission sans en attendre des approbations et des éloges. Un être humble ne s'attriste pas si les autres sont aimés davantage, considérés et félicités plus que lui. Il est réaliste et sait que personne ne peut tout faire ni avoir du succès en tout. Mais il sait aussi que chacun peut réussir quelque chose en fonction des dons qu'il a reçus et de sa personnalité unique, et donc qu'il est à sa façon le meilleur, justement parce qu'il est unique et incomparable.

Il ne sert donc à rien de se comparer aux autres. Nous sommes tous différents et si l'autre est bien dans sa peau, tu peux, toi aussi, être bien dans la tienne. Vous sentez alors tous deux que chacun a développé le maximum de ce que Dieu lui a offert et n'avez nul besoin de rivaliser. N'écoute pas ton esprit s'il te souffle que si l'autre est plus applaudi que toi, c'est que ce que tu as réalisé ne sert à rien, et persuade-toi du contraire en te disant : « J'ai donné le meilleur de moi-même, ce que j'ai fait a de la valeur, une valeur que le succès de l'autre ne lui retire pas. »

L'humilité qui te permet de te valoriser sans te mesurer aux autres te libère d'un grand poids. Qui ou qu'est-ce qui t'oblige à être celui qui réussit le mieux, le plus considéré, le plus félicité ? La véritable humilité, qui t'invite à donner tout ce que tu peux sans te comparer aux autres, te permet d'employer toutes tes énergies pour être utile, au lieu de les user en te lamentant sur tes complexes.

Parce que s'il est vrai que la jalousie des autres te fait souffrir, tu dois aussi penser que celui qui en éprouve parfois, c'est toi. Tu jalouses par exemple (même s'il t'en coûte de l'avouer) celui dont tu ne partages pas la joie parce qu'il va bien, qu'on le félicite, qu'on l'admire. Si c'est le cas, l'angoisse que tu ressens vient de ce que tu te mesures aux autres, parce que tu n'as pas encore été à même de discerner ta propre identité et de te valoriser toi-même. Ne dis pas que les autres ne t'estiment pas. Ne te pose pas en victime. C'est simplement à toi de reconnaître ta valeur et de cesser de vivre dans l'attente permanente de la considération d'autrui. Il faut apprendre à te donner entièrement sans te comparer.

Aime les autres, réjouis-toi pour eux. Ce sont des enfants de Dieu et il les aime. Ce sont tes frères, ce sont des êtres sacrés. Laisse-les profiter, et ainsi seulement tu pourras, toi aussi, prendre part à la fête de la vie.

« Sanglez-vous d'humilité les uns envers les autres, parce que Dieu s'oppose aux orgueilleux, mais aux humbles il donne sa grâce » (1 P 5, 5).

Ne pense pas toutefois qu'être humble consiste à fuir la vie publique, à te laisser intimider, à t'effacer ou à te cacher. Au contraire. Se soustraire aux obligations publiques et aux grandes entreprises relèverait d'un individualisme facile, mais en aucun cas de l'humilité. Ce n'est ni dans la solitude ni dans le retrait que l'on peut s'exercer à l'humilité, mais au milieu du tourbillon des relations humaines, d'une activité sociale très absorbante, de discussions autour de la planification de grands objectifs communautaires, par exemple.

C'est une vertu qui ouvre l'esprit et le cœur à l'écoute attentive et bienveillante des autres, en acceptant qu'ils puissent avoir une vision de la réalité plus claire que la tienne. Mais c'est aussi la faculté de dire avec conviction ce qui te semble une vérité, sans te taire par peur d'être rejeté ; de faire une proposition qui te paraît juste, même si cela ne sert en rien ta réputation ; de la relativiser si les autres te montrent qu'elle n'est pas si juste que tu le penses ; de dialoguer et d'aller au fond des choses sans crainte de prendre des coups, etc. L'humilité est une vertu source d'un engagement social intense.

Sois convaincu qu'être capable de mourir à soi-même ne nous rend pas fragiles, mais au contraire nous rend forts, nous remplit de détermination, de courage et d'initiative. Les timides qui se renferment ne sont pas toujours humbles. Ce sont même parfois des gens aigris, qui ont fait le choix de l'isolement pour ne pas avoir à affronter les défis de la vie en société. Ce n'est pas ça, l'humilité, et ce n'est pas ainsi que tu peux te défaire de ton angoisse. Le vrai renoncement à soi-même est une immense source d'énergie qui peut servir à changer le monde. Cette humilité authentique réunit toutes tes forces en un engagement communautaire et te permet de te libérer de ton angoisse.

La noblesse. Ne pas vouloir être plus que soi-même

Ton identité propre n'est pas seulement ce que tu es maintenant, mais aussi ce que tu es appelé à être. Il y a donc une identité qui demande à être construite et sans cesse améliorée. En effet, chacun peut mettre ses énergies au service du bien ou du mal. Si tu utilises les tiennes pour faire le bien, tu vas construire une identité chaque fois plus positive ; mais si, au contraire, tu les emploies souvent pour faire le mal, cette identité va se dégrader. Alors, si tu dis : « Je suis comme ça, acceptez-moi comme je suis », tu renonces en réalité, d'une certaine manière, à ta propre identité qui, elle, est toujours dynamique, créative, grandit et se développe. T'aimer toi-même ne signifie pas seulement t'accepter tel que tu es, mais découvrir tout ce que tu peux parvenir à être avec les facultés, la sensibilité et le style personnel que Dieu t'a donnés. La question est de savoir ce que tu peux, toi, offrir de plus à Dieu et au monde avec les capacités que tu as et cette identité qui est la tienne.

Par conséquent, la haine, la rancune, l'échappatoire facile qu'est l'isolement ne peuvent faire partie de la construction positive de l'être véritable, car elles font intérieurement obstacle au développement personnel, finissent par rendre le cœur amer et provoquent les pires angoisses. S'ouvrir à la vie en société, en dépit de toutes les difficultés qu'elle comporte, est un stimulant idéal pour mûrir, grandir, s'épanouir, et ne pas se scléroser. Il faut alors prendre conscience que, pour y parvenir, il n'est pas d'autre chemin que l'amour.

Je ne vais pas renoncer à être différent ; je vais m'efforcer au contraire d'être qui je suis, non par rancœur ou par animosité, par dépit ou par vengeance, mais par amour, parce que les autres aussi ont besoin que je sois différent, même si cela les dérange ou parfois les perturbe, même si cela en rend certains jaloux. Ils ont besoin que je sois différent parce que seul un être différent stimule, défie, interpelle, réveille et provoque. C'est précisément quand les autres me tourmentent, me blessent, quand ils me jalousent ou éprouvent du ressentiment à mon égard, que je ne dois pas laisser d'emprise aux forces du mal et qu'il me faut leur montrer que j'ai fait le choix de l'amour. Je persévère dans mon désir profond d'être différent, mais différent en bien, par l'amour et l'humilité qui manquent tellement dans le monde.

Nous trouvons dans la parole de Dieu quelques incitations très précieuses sur ce si beau sujet. Voyons quelques-uns de ces textes bibliques très motivants. Saint Paul recommande aux chrétiens : « Veillez à ce que personne ne rende le mal pour le mal » (1 Th 5, 15) ; « Ne te laisse pas vaincre par le mal, mais sois vainqueur du mal par le bien » (Rm 12, 21) ; « Ne nous décourageons pas de faire le bien ! » (Ga 6, 9). Jésus lui-même en est l'exemple, « lui qui a passé en faisant le bien » (Ac 10, 38).

Il est facile de se laisser dominer par l'agressivité et de chercher de subtils moyens pour se venger, prononcer des paroles blessantes, nuire à l'autre par des commentaires désobligeants, que sais-je encore. Agir ainsi, c'est chercher bêtement à être supérieur, à dominer et à vaincre. Il est facile de rendre à l'autre la monnaie de sa pièce et de vaincre le mal par le mal. C'est le propre des plus faibles et des plus bornés. Il nous arrive peut-être de temps à autre, avec efforts, de garder quelques jours un cœur amical, mais vite lassés d'être agressés et humiliés, nous commençons à nourrir notre colère. Et nous faisons alors comme les autres et plus encore, et contribuons à augmenter dans le monde la force du mal qui le domine. C'est pourquoi Paul recommande : « Ne nous décourageons pas ! », « ne te laisse pas vaincre ! » Nous sommes appelés à autre chose, à une manière différente de vivre et de nous traiter les uns les autres. Et si les autres ne se conduisent pas ainsi, toi, n'abandonne pas cet idéal précieux. Jésus, rappelant aux disciples que dans le monde, les chefs des nations essaient d'étendre sur elles leur domination et d'exercer sur elles leur pouvoir, il leur disait : « Mais il n'en est pas de même parmi vous » (Mt 20, 26). L'option du chrétien n'est pas de dominer les autres, ni d'imposer ses idées et de soutenir qu'il a raison, ni non plus d'être servi et adulé, car « celui qui parmi vous veut être le premier sera votre esclave » (Mt 20, 27).

L'amour en échange

On peut avoir du mal à nourrir un grand rêve d'unité et de fraternité quand on vit au milieu de gens qui se traitent mal, se critiquent, rivalisent et se jalousent. Peut-être es-tu entouré de gens qui ne s'intéressent à toi que lorsque tu peux leur rendre service, mais t'abandonnent et t'ignorent dès qu'ils n'ont plus besoin de toi. Peut-être ne sont-ils pas méchants, peut-être ont-ils simplement la vie dure et l'impression que c'est le seul moyen pour eux de se défendre et de survivre dans la société. Cela te blesse, bien sûr, mais tu ne gagnes rien à te comporter comme eux. Applique-toi plutôt à conserver coûte que coûte ton idéal d'amour et à réagir en t'inspirant de valeurs surnaturelles.

Certains sont des martyrs parce que, pour l'Évangile, ils périssent de mort violente. D'autres en sont également parce qu'ils supportent quotidiennement des souffrances latentes, des humiliations, des ingratitudes. Ce ne sont pas des martyrs parce qu'ils sont hypersensibles et vivent en accusant les autres, ou bien parce qu'ils se plaisent à se prendre pour des martyrs (ce qui serait une manifestation subtile de vanité et d'égotisme), mais parce qu'ils donnent la vie avec joie, sans se laisser vaincre par le mal. Certains paient l'unité de leur sang, goutte à goutte, fidèles au commandement du Maître : « Aimez vos ennemis et priez pour ceux qui vous persécutent » (Mt 5, 44) ; « Bénissez ceux qui vous persécutent, bénissez et ne maudissez pas » (Rm 12,14).

Si tu adoptes cette attitude intérieure, il se pourra effectivement que tu souffres des ingratitudes et de l'incompréhension d'autrui, mais en offrant ta souffrance au Christ crucifié pour un monde meilleur, tu en feras un moteur qui te sanctifiera et te fera grandir. Tu la porteras avec dignité, elle ne t'anéantira pas, mais te fera mûrir et te préparera pour de grandes choses. Si, au contraire, par vanité, elle se transforme en rancœur, elle deviendra nocive et destructrice, elle contribuera à augmenter la force du mal et ton cœur est fait pour autre chose.

Seigneur,
empli de beauté et de lumière,
toute chose en ce monde dépend de toi.
Toute chose existe selon ton désir.
Le monde infini est un bourgeon
de ton amour.
Si tu le veux, je peux être fort, solide, sûr.
Mais je ne peux y parvenir qu'avec un cœur
humble et simple,
qui renonce à être une idole,
qui accepte de dépendre de toi.
C'est pourquoi, Seigneur, je veux mourir
à la vanité, à l'orgueil, à la vengeance,
à l'égotisme.
Donne-moi un cœur libre,
pour que je ne m'épuise pas à poursuivre
des futilités,
pour que je mette mes efforts
au service de choses utiles.

Je ne veux pas gagner le monde,
je préfère me laisser gagner par ton amour,
ta force salvatrice,
ton rêve communautaire.
Accueille-moi, Seigneur.
Amen.

IV

Quelle est mon angoisse ? Perception et transformation

L'angoisse survient quand je me sens dépassé, quand je me sens vulnérable parce que je ne maîtrise plus du tout ce qui me préoccupe et m'inquiète. Mais qui peut prétendre avoir le contrôle sur ce que pensent, ressentent ou disent les autres ? C'est si complexe que l'on peut toujours être pris au dépourvu. Par exemple, je me crois en bonne entente avec tout le monde et voilà qu'arrive quelqu'un qui se fâche, me critique, qui se plaint d'une attitude que j'ai eue ou me réclame quelque chose que je lui dois, ou encore qui me traite avec une indifférence que je ne comprends pas. Contrôler tout cela est impossible.

Les problèmes que, grâce à nos efforts, nous parvenons à résoudre ne génèrent pas d'angoisse. Tout au plus une certaine préoccupation, une inquiétude, une gêne, sans aller jusqu'à l'angoisse, parce que nous savons que nous allons trouver une solution.

Mais quand les relations humaines se compliquent et que l'on ne sait pas très bien où se situe le problème, quand on se heurte à l'incompréhension des autres, à leur ressentiment, à de l'agressivité, alors on se sent dépassé et l'angoisse s'installe. Comment ne pas être angoissé lorsque, après avoir pourtant investi le meilleur de soi-même, on ne rencontre qu'incompréhension et mépris ?

Si l'angoisse s'empare de toi, au plus profond de toi-même, ne te juge pas et garde-toi surtout d'en éveiller une autre en te culpabilisant de ce que tu éprouves. Les sentiments négatifs font aussi partie de la vie. Il ne s'agit pas de leur résister au risque de déclencher une guerre intérieure. Il t'appartient tout d'abord de les percevoir et de les accepter : ils existent et apparaissent comme apparaissent des taches sur la peau ou des boutons sur le visage. Il est ensuite essentiel de prendre conscience que même s'ils sont absurdes ou inconvenants, ils ne sont pas purement néfastes, parce qu'il y a en eux une énergie très précieuse qui t'appelle à rencontrer l'autre et qui, mieux orientée, peut être positive. Autrement dit, l'angoisse peut aussi te servir et jouer un rôle sur ton chemin de transformation.

Nous ne sommes pas réduits à notre instinct. À partir de ce que nous ressentons, nous pouvons effectuer un travail créatif, recréer l'émotivité. Par exemple, nous pouvons convertir une sexualité brutale en érotisme sain, l'agressivité en enthousiasme, le désir de possession en admiration et fidélité, etc. Les émotions et les sentiments sont extrêmement malléables, l'angoisse également. Mais pour y parvenir, il nous faut commencer par identifier le plus clairement possible ce que nous ressentons et d'où provient notre sentiment.

Ton angoisse te vient peut-être de la peur que l'on t'abandonne et te laisse seul, sans aucune aide aux pires moments de la vie ; ou de ce que tu as mis ta confiance dans la relation avec les autres et que tu te rends compte maintenant que tu n'as plus personne sur qui compter ; peut-être te faisais-tu de l'amitié un idéal et que tout ce qui donnait un sens à ta vie s'écroule. Elle peut aussi survenir de ce que tu as été blessé dans ton orgueil ; tu aimerais envoyer tout au diable, mais tu ne peux le faire parce que tu te sens faible face aux problèmes que cela pourrait engendrer. Tu es peut-être angoissé parce que, trop préoccupé par l'image que tu renvoies, tu crains que quelqu'un qui te jalouse puisse la détruire par des critiques ou des commérages. Qu'est-ce qui se manifeste exactement au tréfonds de toi et te fait souffrir ? Pourrais-tu le nommer ? Essaie de bien préciser ce que tu ressens, ne le refoule pas, au contraire, lève le voile.

Mais allons plus loin encore : la pire angoisse qui peut t'étreindre est diffuse et sournoise. Tu as au fond de toi un sentiment d'amertume, une espèce de tremblement intérieur, un embarras profond. Tu en ignores la cause et ne sais pas non plus d'où il vient. Il s'est passé quelque chose qui l'a provoqué, mais quoi ? Tu n'es donc pas angoissé par une situation concrète, un problème que tu sais pouvoir résoudre. C'est une sensation diffuse, qui apparaît et disparaît pour reparaître. Tu l'as ressentie par exemple lorsque quelqu'un t'a mal traité, puis elle s'est calmée. Mais elle a soudainement refait surface quelques jours après, parce qu'untel ne s'est pas acquitté d'une petite dette, et puis plus tard encore quand tu t'es découvert une tache sur la peau. Bref, elle affleure pour n'importe quelle raison. Tu crois qu'elle disparaîtra lorsque tu seras venu à bout de tel ou tel problème, mais non. Elle est là, au fond de toi et elle persiste. Pour le moindre contretemps, tu as la gorge nouée, ce tremblement gênant dans la poitrine, cette sensation d'amertume et de faiblesse.

Il est évident que le problème n'est pas, en réalité, ce qui t'arrive ici et là, mais quelque chose de plus profond en toi, la cause permanente de ton angoisse, qui se manifeste à la moindre difficulté, qu'elle soit réelle et importante, ou stupide et insignifiante. Alors cesse d'en vouloir à la vie et à ce qui te contrarie et applique-toi à soigner cette faiblesse récurrente, cette maladie en toi, qui couve derrière tes tracas. Le problème le plus grave est au fond de toi.

Identifier, expulser, apprendre, orienter

Que faire ? Si tu sens monter ton angoisse face à un problème, à une critique, à une quelconque agressivité, fais très attention au sentiment qui naît en toi et garde-toi d'accuser la difficulté ou la situation qui se présente, ou la personne qui t'importune. Parce que tu sais bien que quand le problème sera résolu, cette sensation que tu as en toi demeurera. Il est très important que tu l'identifies et l'affrontes. Alors tu vas te dire que tu n'es peut-être pas capable de faire face à la situation, de résoudre la difficulté sans cette sensation désagréable que tu ressens. Bien sûr que si, tu le peux ; et tu dois t'en persuader. Dis-le à ton cœur et décide-toi à chasser ce sentiment de faiblesse, de démission, d'abandon, de vulnérabilité – quel que soit le nom que tu lui donnes.

Si tu n'arrives pas à prendre cette ferme décision, commence par demander au Seigneur, chaque jour, inlassablement, qu'il te fasse la grâce de t'offrir le désir sincère de faire le pas. Et tu te sentiras peu à peu capable de décider de renoncer à ce sentiment frustrant, de t'en détacher et de l'expulser.

Si ta prière est authentique et si, en même temps, tu essaies, tu apprendras petit à petit – et c'est très important – à affronter chaque problème avec détermination, fermeté et créativité. Tu ne te laisseras pas dominer ni affaiblir par ce sentiment intérieur qui te fait prisonnier de ton petit cœur blessé.

Mais parallèlement, il te faut emprunter un autre chemin qui te permettra de discerner progressivement ce que cette sensation désagréable entend te révéler. Elle va peut-être te dire qu'elle est là, au fond de toi, parce que tu n'as pas encore changé ta façon d'affronter les choses, parce que tu attends trop des autres, que tu ne t'aimes pas assez toi-même et que tu essaies de compenser ce manque par ton image sociale, ou bien parce que tu t'es enfermé dans l'égoïsme, ou encore que tu ne sais pas reconnaître la valeur de ce que t'offre la vie. Alors au lieu de détruire ou de cacher ces sentiments qui te perturbent, essaie plutôt de tirer profit de leur potentiel. Voici quelques exemples :

- L'énergie que tu as investie dans la jalousie stupide que tu éprouves envers l'autre peut se transformer en une saine admiration. Tu te réjouis de ce que Dieu a semé en lui et tu t'emploies à développer les dons autres que tu possèdes et qui t'incitent à donner le meilleur de toi-même.
- Si une tristesse te révèle ton côté fragile, cela peut t'encourager à reconnaître que tes forces ont des limites et à réellement faire appel à l'aide de Dieu.
- Une déception amoureuse peut te porter à écouter l'appel mystique que tu as en toi, ou à te consacrer davantage à faire le bonheur d'autrui qu'à satisfaire tes propres désirs.
- Un échec peut t'aider à retrouver la valeur des choses que tu as négligées en ne pensant qu'au succès dont tu rêvais.
- Tu es agressé ou déprécié ? Cela peut conduire à ce que la part la plus forte et

> la plus saine de ton être vienne en aide à la plus vulnérable, à celle qui est blessée, afin que le négatif ne l'emporte pas sur le potentiel positif que tu possèdes. Et tu peux l'exprimer de la manière suivante : « Si ces gens éprouvent le besoin de me faire sentir que je suis inutile, c'est pour compenser leurs propres carences. Je le comprends. Mais il n'est pas certain que je sois inutile. Ils ne peuvent pas voir que j'ai beaucoup d'autres capacités que je peux exploiter pour le bien d'autrui. »

Si tu te répètes cela, tu vas, au lieu de te laisser abattre par une contrariété, renaître avec plus de forces pour faire le bien.

Ces exemples sont là pour te montrer comment tu peux empêcher l'énergie négative d'errer confusément en toi sous forme d'angoisse, de te dominer, de te perturber psychiquement et de te rendre malade. L'angoisse que les autres s'emploieront à éveiller en toi, si tu prends conscience de ce qu'elle t'enseigne, peut t'aider à te valoriser davantage, à développer tes dons et tes possibilités, à entreprendre avec des motivations plus profondes, etc. En définitive, elle peut t'être utile et jouer un rôle dans l'histoire de ta vie. Au lieu d'être une gêne stupide, elle peut t'inciter à écouter l'appel profond du Seigneur. Dieu soit loué !

Esprit saint,
tu es toujours dans ma vie pour l'illuminer
et me guider,
pour m'orienter et me libérer,
pour me transformer.
Je sens chaque jour au fond de moi
que tu m'appelles à me libérer,
que tu me motives,
que tu m'attires.
Tu m'empêches de m'endormir
dans un confort superficiel,
dans une ataraxie médiocre.
C'est pourquoi tu me parles
à travers ce que je sens,
à travers mes angoisses,
à travers mes souffrances intérieures.
Aide-moi à comprendre le message
de chacune d'elles,
afin que je puisse grandir
et accéder à la vraie lumière.
Libère-moi, Seigneur.
Amen.

V

Confiance et offrande

Si tu traverses une plus longue période d'angoisse, tu ne vas pas la surmonter seulement en y réfléchissant, en prenant de bonnes résolutions et en scrutant tout au fond de toi. Si ce qui t'arrive te dépasse, tu ne trouveras la paix qu'en faisant appel à celui qui est au-dessus de tout, qui pénètre tout. Alors, si tu es dans cette situation, si l'angoisse t'oppresse, il est très important que tu pries.

La prière qui peut soigner l'angoisse implique trois étapes fondamentales.

1. Pour qu'elle te libère véritablement, elle doit être très concrète et contenir tout ce que tu vis et que tu éprouves. Tu dois donc commencer par t'adresser au Seigneur et lui raconter ce que tu ressens jusqu'à ce que tu te rendes pleinement compte de ton angoisse. Essaie de t'ouvrir très sincèrement et de lui exposer clairement ton état intérieur, en utilisant les mots

propres à bien l'identifier. Il s'agit bien d'une angoisse, mais tu peux dire au Seigneur, qui est ton ami, sous quelle forme elle s'exprime, d'où elle vient, et pourquoi, etc.

Il s'agit d'aller au fond des choses. Parle-lui en toute confiance, ouvertement. Sous son regard aimant, extirpe ton angoisse, même si cela te fait pleurer ou crier. Étreins le Crucifié et souffre avec lui. Ne t'inquiète pas si cela te paraît absurde. Ce qui t'arrive empoisonne ton existence, te retire toute joie de vivre. Alors ce n'est pas absurde. Pour pouvoir te débarrasser de ton angoisse et te libérer, tu dois tout dire dans ta prière.

2. Mais si tu veux vraiment guérir de ce sentiment inutile, il te faut apprendre à ne plus vivre de la même manière. Tu dois savoir que si tu ne le fais pas, l'angoisse se manifestera toujours ; aujourd'hui pour telle raison, demain pour telle autre. Par exemple, il te faut peut-être apprendre que les relations humaines sont si fragiles que tu ne peux pas demander à ton cœur de faire confiance à tout le monde. Tu pourras continuer à te livrer aux autres, qui sont tes frères, mais sans attendre d'eux qu'ils soient le rempart solide de ta vie. Ils n'en ont pas la possibilité et ne l'auront jamais. À ce deuxième stade de la prière, tu vas à nouveau avoir recours à Dieu. Parce que quand les choses fonctionnent

à peu près bien, tu recherches la sécurité dans les choses du monde, dans la considération des autres, leur affection, leur jugement, jusqu'à la fausse note qui fait ressurgir l'angoisse. N'oublie pas ce message, médite-le dans la prière pour qu'il s'enracine en toi.

Après avoir expliqué ce que tu ressens, concentre-toi et, dans la prière, confie à Dieu ce que tu en as appris :

Seigneur, j'ai trop attendu de la société
et des autres,
de mes efforts et de mes projets.
Je me suis à nouveau trompé.
Mais je reviens vers toi, Seigneur,
toi qui es mon unique Sauveur,
mon unique roi et le maître de ma vie.
L'estime, l'assentiment, la présence des autres
ne peuvent me sauver.
Toi seul es mon rempart,
toi seul vas m'ouvrir les bras et m'accueillir.
Que par ta grâce je retrouve
la solidité intérieure,
que l'infini pouvoir de ta présence
au fond de moi me fortifie,
que ta puissance créatrice me renforce.
Accueille-moi de nouveau.
Amen.

3. Mais tu as beau lui ouvrir ton cœur, des choses très concrètes continuent à te perturber et une fois ta prière terminée, il est bien possible que quelques problèmes se présentent, qui attendent de toi des réponses, parce que tu ne peux te soustraire aux exigences de la vie en société. La question est maintenant de savoir comment tu vas les affronter, quelle attitude intérieure tu vas adopter. Dans la crainte et l'appréhension ou dans la sérénité et la confiance ? À ce troisième stade de la prière, il te faut remettre ces questions précises entre les mains du Seigneur. Si tu ne le fais pas, tu auras de nouveau l'obsession de résoudre les difficultés d'une manière bien déterminée, et de contrôler entièrement la situation, à partir de tes idées et de tes propres schémas. Or la réalité nous dépasse toujours et il n'existe pas qu'une seule manière de trouver des solutions. Il y a d'autres chemins, plus longs peut-être, plus lents, que tu ne parviens pas à discerner. C'est pourquoi il est essentiel que tu t'en remettes à Dieu, afin qu'il t'aide à résoudre cette petite querelle familiale pour de l'argent, ou ce conflit qui oppose tes intérêts à ceux des autres, ou encore ce différend avec des gens qui te demandent ce que tu ne peux leur donner, etc. Il te faudra certes négocier et tu

n'obtiendras pas toujours ce que tu souhaites. Mais si tu t'en remets au Seigneur, tu peux être sûr que tout se terminera bien. Même si tu n'es pas tout à fait heureux du résultat immédiat, tu verras qu'à la longue, les choses se sont déroulées pour ton bien, et tu auras alors la confiance profonde qu'il peut y avoir une autre issue que celle que tu avais imaginée. Si tu remets sincèrement l'affaire entre les mains du Seigneur, tu réaliseras ce qu'il t'est possible de faire, mais sans t'obstiner à obtenir absolument ce que tu t'es représenté, et tu te libéreras de ton angoisse. Avant d'agir et de te tromper à nouveau, il est donc préférable que tu pries :

Seigneur, je veux résoudre ce problème.
Il va me falloir discuter avec Pedro,
affronter une réunion qui me préoccupe,
faire des propositions.
J'ai mes idées, mais en toi seul j'ai confiance.
Alors je m'en remets à toi.
Je vais faire tout mon possible,
mais il y a des choses que j'ignore.
C'est pourquoi je te confie mon problème,
je sais que tu m'écoutes.
Et maintenant qu'il est entre tes mains,
je sais que tout se terminera bien, tôt ou tard,

et que ce sera pour mon bien.
Merci, Seigneur.

Si tu es sincère et si tu déposes tout dans les mains du Seigneur, tu ressentiras une paix immense, même si tu sais que le combat qui t'attend ne sera pas facile.

VI

Et si je m'intéressais vraiment aux autres ?

Tu as peur que les autres ne prennent pas tes qualités en compte, qu'ils t'écartent, qu'ils t'oublient ? Tu souffres de ce qu'ils te critiquent, te contredisent, te démentent ou te calomnient ? Si tu es centré sur toi-même et ne penses qu'à tes intérêts, tes droits, tes besoins, comme si tu étais le centre de l'univers, cela t'est évidemment insupportable.

Mais tu pourrais essayer de voir la réalité à partir du point de vue des autres, de leurs envies et de leurs rêves, de leurs désirs et de leurs inquiétudes. Peut-être n'ont-ils jamais senti que tu t'intéressais sincèrement à eux ; que ce que tu faisais pour eux était en réalité dans ton propre intérêt, pour te faire bien voir, être complimenté, passer pour une bonne personne, ou simplement pour ne pas donner de toi une image égoïste. En vérité, ce ne sont pas eux qui t'intéressent, ce n'est pas leur bonheur qui préoccupe profondément et sincèrement ton cœur.

Et alors même si tu leur es venu en aide, même si tu as bien agi, ils t'ont plutôt vu comme un concurrent.

La valeur immense de la compassion

Les choses seraient probablement différentes s'ils sentaient que tu te soucies vraiment d'eux, s'ils pouvaient être sûrs que tu agis pour leur bien, afin qu'ils soient heureux et productifs, qu'ils prospèrent et soient reconnus. C'est ce que l'on appelle la « compassion ». C'est sentir l'autre comme une partie de soi, au point de trembler intérieurement avec lui quand il souffre. Dans son évangile, Luc présente la compassion comme l'expression parfaite d'un cœur sanctifié. Tout se résume dans cette phrase : « Montrez-vous compatissants, comme votre Père est compatissant » (Lc 6, 36). Cela signifie que notre chemin de sanctification passe par la compassion.

La compassion nous arrache à la superficialité médiocre pour nous transporter dans les profondeurs de la vie. Il ne s'agit cependant pas de compatir avec ceux qui sont bons, beaux, agréables, mais avec celui qui se trompe, celui qui souffre, qui est abandonné, celui qui est démuni de tout, qui réclame du secours, et aussi avec celui qui nous importune, nous désavoue ou nous contredit. C'est pourquoi Luc poursuit : « Ne condamnez pas, et vous ne serez pas condamnés ; absolvez, et vous serez absous » (Lc 6, 37).

Cette attitude sincère s'impose si tu cesses de prier pour eux. Tu vas me dire que tu ne peux continuer de prier pour le bien d'une personne qui t'a fait du tort. Et pourtant, n'est-ce pas ce à quoi invite l'évangile, quand Jésus dit : « Priez pour ceux qui vous persécutent » (Mt 5, 44). Il ne s'agit pas de prier simplement pour respecter un commandement. L'important est de te convaincre que si le Seigneur te le demande, c'est que c'est préférable pour toi, pour ta vie et ton salut intérieur.

Il serait bon que tu tentes l'expérience. Imagine celui qui t'a calomnié et porté préjudice. Et imagine maintenant ses souffrances intérieures, son insatisfaction profonde, les blessures de son âme. Ce qu'il fait ou dit masque une grande douleur. Pourquoi alors enfoncer le couteau dans la plaie en rendant le mal pour le mal ? Essaie de le regarder avec les yeux de Dieu, le Père qui l'a créé avec un amour infini. N'a-t-il pas le droit d'être heureux lui aussi, d'être considéré et apprécié ? N'a-t-il pas eu le sentiment que ton bien-être est une menace pour lui, n'a-t-il pas souffert de se sentir inférieur, ses angoisses ne sont-elles pas nées de ce qu'il ne se sent pas pris en compte ? Oublie son agressivité et vois plutôt sa souffrance. Regarde-le avec tendresse, avec les yeux d'une mère, et essaie de lui souhaiter que se dissipent les troubles qu'il ressent, qu'il guérisse des douleurs de son âme, des besoins inassouvis qui le torturent depuis l'enfance. Regarde-le plus maternellement et demande au Seigneur de le bénir et de le libérer, de lui offrir la paix intérieure et de le rendre heureux. Remets-le entre les mains du Seigneur, confie-le au Seigneur.

Si tu t'y emploies souvent, son bonheur t'intéressera chaque fois davantage, mais t'intéressera vraiment. Tu ne seras plus tourmenté au fond de toi par l'envie de lui faire payer ce qu'il a fait. À quoi cela te servirait-il de le faire souffrir plus encore ? Prie pour lui, cela calmera ton désir intérieur de vengeance, de justice fallacieuse, qui somme toute se retournerait contre toi.

Pardonne et tu deviendras une source de bénédiction pour lui, tu seras l'instrument de la bénédiction du Seigneur pour sa vie et tu accompliras dans la tienne ce que recommande saint Paul : « Ne te laisse pas vaincre par le mal, mais sois vainqueur du mal par le bien » (Rm 12, 21).

Mais n'oublie pas, et c'est extrêmement important : tout cela ne veut pas dire que tu dois te laisser marcher sur les pieds, permettre que l'on te maltraite physiquement, que l'on profite de toi et te vole. Parce que tu dois aussi t'aimer toi-même comme t'aime le Seigneur. Si tu t'es trompé, demande pardon et pardonne-toi. Mais tu es une image de Dieu et il ne lui plaît pas que l'on te traite injustement. Ta dignité a tant de valeur aux yeux du Père qu'il te faut la défendre, dans la paix intérieure et sans haine. Mais si au contraire tu la défends pour libérer ta rancœur et ton orgueil blessé, tu finiras par ruiner ta vie. C'est à toi de choisir la manière d'agir pour que les choses changent. Mais tu ne peux le faire correctement que si tu pries pour guérir et te fortifier.

Cherche les raisons

Il s'agit essentiellement de réorienter ta force émotionnelle, de lui conférer une finalité plus ouverte et plus aimante. Que se passerait-il si, au lieu de dépenser cette énergie qui s'épuise en angoisse, tu l'utilisais pour rendre heureux quelqu'un qui souffre ? Ta vie n'en serait-elle pas plus riche ? Que se passerait-il si tu l'employais à accompagner ceux qui sont plus humiliés que toi, plus méprisés, plus abandonnés ? Si, au lieu de la gaspiller en lamentations intérieures et en désirs de vengeance, tu t'en servais pour être le « père » des pauvres, des pécheurs, des dénigrés, de ceux qui ne sont rien dans le monde d'aujourd'hui ? En te consacrant ainsi aux plus nécessiteux, « à ce qui est vil et ce que l'on méprise, ce qui ne vaut rien, à ce qui n'est pas, pour abolir ce qui est » (1 Co 1, 28), tu ferais un choix radical qui te libérerait de la préoccupation de ta propre image.

Et pourquoi, puisque c'est si important pour toi, n'essaies-tu pas de donner de toi une autre image, celle d'un être généreux, libéré du qu'en-dira-t-on, sincèrement soucieux des problèmes d'autrui, qui n'attend pas les récompenses, la reconnaissance sociale, les éloges qui flattent son égo ? Ce serait changer résolument ton style de vie. Tu cesserais de tourner autour de ta petite personne et te détacherais réellement de ton propre centre pour te concentrer sur les autres. Tu ouvrirais les yeux d'un seul coup et prendrais conscience des autres, de leurs besoins, de leurs rêves et de leurs projets, de leurs désirs. Il ne s'agit pas bien sûr de te prendre pour le grand sauveur, mais de faire avec eux de grandes et belles choses, de lutter ensemble, d'avancer ensemble.

Mais si tu te trouves face à des gens qui te font du tort ou qui réagissent de façon désagréable, tu seras tenté d'opter pour le mal, tu rageras intérieurement et tu laisseras peut-être l'angoisse improductive te posséder à nouveau. Si tu te trouves dans cette situation, rappelle-toi bien ceci : ce qui les incite à te nuire ne vient pas d'une simple antipathie, d'une simple jalousie. Il y a en eux un mélange de sentiments à ton égard. Leur rejet et leur mépris peuvent être liés à des sentiments nobles. J'en ai moi-même fait l'expérience lorsque j'ai appris que certains de mes amis qui, devant moi se montraient gentils, me critiquaient par derrière. À vrai dire, c'est tellement banal de critiquer que cela ne vaut vraiment pas le coup de relever. Leur affection est imparfaite, très limitée, incohérente, mais cela ne veut pas dire qu'elle est hypocrite et mensongère. Leur amour est terrestre et faible, mais cela ne l'empêche pas d'être réel.

Au fond, les réactions de ces gens-là sont parfois dictées par l'instinct de conservation que nous avons tous. Pour quelque raison que ce soit, tu représentes pour eux un danger. Tes paroles, tes gestes, tes attitudes les font se sentir inférieurs, plus faibles, et l'instinct de conservation les pousse alors à se défendre en te critiquant, par exemple, ou en essayant de t'écarter de leur vie. Si tu les observes bien et prêtes attention à leur sensibilité, tu trouveras peut-être une autre façon de les aborder, qui leur permettra de ne plus avoir peur de toi. Par exemple, ne leur parle pas autant de tes succès, de tes réussites, de ce qui t'arrive de positif. Informe-toi plutôt de leur état à eux, ouvre ton esprit et intéresse-toi à ce qui les intéresse.

Si tu évoques aussi tes erreurs, tes défaillances, ils verront bien que tu ne les regardes pas de haut, que tu es comme eux, et te considéreront alors comme l'un des leurs.

Mais cette tentative est à coup sûr vouée à l'échec si elle n'est qu'une manœuvre pour résoudre tes propres problèmes. Elle ne peut réussir que si ton intérêt pour eux est réel. Et pour cela, il faut que tu ouvres ton cœur, que tu l'élargisses et que tu demandes à l'Esprit saint qu'il l'emplisse d'une compassion sincère. Prends ton temps, considère-toi tendrement et efforce-toi de regarder les autres avec la même tendresse, comme s'ils étaient la chair de ta chair. Ne t'angoisse pas avec l'obsession d'y parvenir, mais ne te décourage pas et essaie, chaque jour, patiemment. Et ton angoisse se transformera alors en quelque chose de bien plus beau et de plus fécond, elle se transformera en compassion.

Un stratagème salutaire

Outre l'amour et la compassion, il faut aussi être habile dans la manière d'aborder les autres, car tous n'ont pas besoin que tu les traites pareillement. L'amour n'implique pas que tu sois tendre avec tous, que tu donnes tout ce que tel ou un tel te demande. Non. L'amour peut aussi exiger de toi que tu saches imposer des limites, afin qu'ils apprennent à poser les leurs. Si tu sais les traiter adéquatement, tu peux vraiment souvent éviter qu'ils te fassent souffrir. Voici quelques exemples :

1. Tu ne dois pas trop longtemps prêter l'oreille au pessimiste qui croit toujours avoir raison et se plaît à créer une mauvaise ambiance ou à semer la tristesse, mais plutôt l'aider à découvrir l'autre côté des choses. Parfois même, il faut lui faire simplement remarquer ou lui dire clairement que le sujet ne t'intéresse pas.

Sinon, il fera de toi une victime pour se débarrasser de toute sa négativité.

2. Face à une personne agressive qui ne cesse de souligner tes erreurs en espérant que tu vas riposter, afin de poursuivre la discussion et mettre le doigt sur ta faiblesse, ne réagis pas, ne parlemente pas. Garde plutôt le silence et elle verra qu'elle ne peut atteindre sa cible. Ou bien essaie de changer de sujet. Dans certains cas, il peut même suffire que tu lui répondes « c'est possible », ou « tu as peut-être raison », ou encore « bien sûr ! » Quand elle se rendra compte qu'elle n'a pas d'emprise, elle cessera de t'ennuyer.

3. D'autres se plaisent à faire des blagues désagréables ou grossières, non pour te mettre mal à l'aise, mais pour attirer l'attention. Dans ce cas, montre-toi fort et ignore-les, jusqu'à ce qu'ils se comportent normalement. S'ils y parviennent, tu pourras en tout cas leur décerner une sorte de prix, ou leur montrer par un gentil geste qu'on leur prêtera davantage attention s'ils sont aimables et se conduisent bien.

4. La situation est différente si tu as affaire à des personnes très sensibles qui, parce qu'elles ont beaucoup souffert dans leur vie, angoissent lorsqu'elles sont ignorées ou mal traitées. Tu n'arriveras à rien avec elles si tu les fais souffrir

plus encore. Tu dois leur dire gentiment et affectueusement les choses. Avec les timides, agis de même. Il faut parfois les encourager à se livrer, mais toujours avec douceur, afin qu'ils ne culpabilisent pas.

5. Certains se conduisent comme des parasites. Ils ont besoin d'une attention constante, qu'on ait pitié de leurs malheurs, qu'on les aide. Avec ceux-là, ne t'implique pas afin d'éviter qu'ils ne finissent par te rendre responsable de tout ce qui leur arrive et de ce qu'ils ne tiennent plus les rênes de leur vie. Tu dois réagir à temps, avant qu'ils ne te harcèlent, en leur imposant des limites, en mettant de la distance. Tu peux même aller jusqu'à raccrocher le téléphone s'ils insistent. Si tu attends trop longtemps, ils feront de toi leur esclave.

6. Il y a aussi ceux qui se prennent pour des sages et ne supportent pas que tu saches, toi, quelque chose qu'ils ignorent. Ceux-là n'écoutent jamais attentivement et s'ingénient à démontrer qu'ils savent déjà ce que tu dis, que tu ne leur apprends rien, qu'ils ont déjà tout fait, tout expérimenté. Alors, avant de leur confier, par exemple, que Claudia va mal, demande-leur plutôt : « Sais-tu comment va Claudia ? » Et donne-leur toujours des éléments très concrets, parce que si on leur parle de choses qu'ils

ignorent, ils ont tendance à penser que l'on invente.

7. Tu peux aussi avoir affaire à une personne qui va te faire sentir que tu as une dette à son égard, ou qu'il te faut faire quelque chose qui ne sera pas bienfaisant pour toi. Avec celle-là, ne t'engage pas. Ne lui promets rien, n'accepte rien d'elle, aucun service, pour ne pas lui donner à croire qu'elle a le droit d'exiger que tu agisses et de contrôler tout ce que tu fais. Si elle insiste, si elle te presse, demande-lui ce qu'elle est prête à apporter.

8. Certains, qui ne respectent jamais leurs engagements, reconnaissent ensuite leur erreur ou présentent des excuses, mais continuent à se servir de toi. Il faut bien faire la différence entre celui qui a vraiment de gros problèmes et celui qui n'assume pas ses responsabilités et profite des efforts d'autrui. Il est bon que tu n'approuves pas le comportement de ce dernier. Tu peux lui pardonner, mais seulement de temps en temps, et il est même plus utile que tu lui dises fermement que ce qui lui arrive est son problème à lui et à lui seul.

Ces quelques exemples te montrent qu'il n'existe pas de recette universelle qui permettrait de traiter tout le monde de la même manière et sans aucune difficulté. Il est donc important de comprendre le fonctionnement de chacun pour savoir comment il convient de l'aborder, tout en ne perdant pas de vue que l'agressivité et la violence ne sont jamais la bonne voie. Être ferme, ce n'est pas maltraiter. Le pire problème n'est pas ce que te font les autres, c'est de réagir improprement. Si tu dois en tout cas être strict avec quelqu'un, évite de culpabiliser et agis en toute confiance. Ce n'est ni de l'égoïsme ni de la méchanceté, mais de l'amour réaliste.

Le véritable triomphe

Tu croyais que tout allait bien avec quelqu'un et tu te rends compte que survient un problème. Que se passe-t-il alors ?

Dans ta relation aux autres, ne t'attache jamais à tes idées et à tes objectifs sans vouloir en démordre. Si tu cherches à les défendre coûte que coûte, c'est que tu as besoin d'avoir une meilleure estime de toi. Mais tu n'y arriveras pas par ce procédé. Si tu rencontres une difficulté avec l'autre, laisse-le te dire tout ce qui le dérange ou qu'il ne comprend pas. Ne l'interromps pas, permets-lui de se décharger de ce qu'il a envie de te dire. Même si tu n'es pas d'accord avec tout, pose-lui des questions pour l'aider à mieux exprimer ce qui lui pèse, mais ne tente pas de détourner la conversation, ni de le faire changer d'idée. S'il parvient à te livrer tout ce qu'il renferme en lui, il se rendra compte de lui-même qu'il exagère peut-être un peu, qu'il est peut-être parfois hors sujet, dans l'erreur ou animé par un sentiment excessif. Il est possible que tu ne le remarques pas dans l'immédiat, mais tu constateras quelques jours plus tard qu'il te traite autrement et qu'il a donc réfléchi lui aussi.

Une fois qu'il en aura terminé avec tout ce qu'il avait besoin de te dire, analyse la situation avec lui, mais pas dans le but de sortir vainqueur de la discussion ou de t'imposer, sans t'accrocher à tes idées ou à ton image. Est-ce si important ? Non, c'est du vent qui passe. Si tu souffres, apaise-toi dans la prière solitaire et confie le tout au Seigneur pour ton bonheur et pour celui du frère. Parce que s'il a réussi à se livrer à cœur ouvert devant toi, vous avez gagné tous les deux.

Ta propre blessure

Il est vrai que le comportement des autres peut parfois faire très mal. C'est une souffrance qui ne vient pas tant de ce qu'ils nous font que de ce que cela déclenche en nous. Si une critique, par exemple, te touche à ce point, c'est parce que tu n'es pas assez conscient de ta propre valeur et que tu es très sévère avec toi-même ; c'est parce que cette critique réveille en toi la difficulté que tu as à t'accepter et à t'aimer. Quelqu'un peut t'importuner toi, mais ne pas gêner les autres, qui ne vont donc pas réagir comme toi. Nos réactions inappropriées sont très souvent dues à ce que nous avons du mal à nous supporter et à nous accepter nous-mêmes.

C'est pourquoi j'insiste : la solution est justement que tu ne cherches pas à te soustraire à ce qui, en toi, te dérange ; que tu l'acceptes, au contraire, que tu l'affrontes, que tu perçoives son message et que tu le laisses s'affaiblir seul. Il ne s'agit pas de te culpabiliser, mais de faire face à ce que tu as en toi, avec tendresse et compréhension. Fuir ses difficultés intérieures ne fait que les aggraver et les rendre chroniques. En cessant de les refouler, tu vas apprendre quelque chose et pénétrer un peu plus dans les profondeurs de la vie.

Alors, en définitive, accepte-toi ainsi, avec des sentiments douloureux, des peurs et des tristesses. Ils te prouvent que tu existes et que tu es bien vivant. Si tu ne réussis pas à dominer ton angoisse ou ta nervosité, ne t'acharne pas davantage, ne te rends pas la vie plus amère. Il ne plaît pas à ton Père que tu culpabilises et que tu souffres. Ce n'est pas parce que tu ne surmontes pas tes états d'âme que ton existence sur cette terre n'a pas de sens. Accepte ce qui te perturbe et laisse passer. Accepte-toi et vis pleinement le moment présent, les tâches qui t'incombent et tes petits plaisirs, même si l'angoisse demeure. Elle n'est qu'une petite partie de toi.

S'aimer soi-même est important

Si ce que tu ressens t'agresse, tu vas finir par accuser les autres ou attendre d'eux qu'ils agissent pour que tu te sentes mieux. Mais en réalité, ce que tu attends d'eux, c'est ce que tu dois t'accorder à toi-même : estime, compréhension, tendresse, courage, douceur. Si tu ne te l'accordes pas, si tu te déprécies toi-même, les autres ne pourront combler ton vide, tu souffriras énormément et tu ne seras pas libre. Tu chercheras à attirer leur attention de manière à leur plaire, mais cela sera vain. Plus tu en feras, plus ils te dénigreront, exactement comme tu te dénigres toi-même et c'est toi qui les y inciteras. Et tu auras beau te montrer bon, tu rechercheras ton propre bénéfice en pensant surtout à recevoir ce qu'ils ne te donnent pas. Personne ne te donnera l'amour que tu ne sais pas te donner à toi-même. Le rejet des autres et la souffrance que cela engendre ne font que te signaler que tu dois te défaire de ton anxiété pour être agréable, apprendre à te valoriser et à t'aimer tel que tu es, avec tes goûts et ta propre vitalité. C'est le seul moyen d'aimer les autres sincèrement, sans les utiliser pour ton seul bien-être.

Donne-toi toujours une nouvelle chance. Tu as été magnifiquement créé. Que tu détruises ce qui est si beau aux yeux de Dieu n'a pas de sens. Le Seigneur persiste à t'insuffler la vie et tu ne le convaincras pas du contraire en pensant que ton existence ne vaut pas la peine. Alors, finalement, tout est bien. C'est très bien que tu existes, c'est très bien que les autres existent, il y a de la place pour tous.

Seigneur, lumière de ma vie,
j'ai parfois du mal à saisir les autres.
Je n'arrive pas à comprendre ce qu'ils ressentent,
je ne sais pas pourquoi ils réagissent mal.
Toi qui connais bien le fond des cœurs,
aide-moi à y voir clair,
offre-moi une grande compassion,
une tendresse sincère.
Ne me laisse pas m'enfermer
dans mon orgueil blessé,
dans ma rancœur, dans la tristesse
qu'ils provoquent en moi.
Apprends-moi à me défendre,
tout en essayant de comprendre la douleur
qui les pousse à durement réagir.
Apprends-moi à les traiter selon leurs besoins,
afin que nous puissions
nous entendre et nous aider.
Montre-moi les chemins de la réconciliation
et de l'amour,
et donne-moi la grâce de m'aimer
comme tu m'aimes.
Amen.

VII

Tout passe, un grand amour demeure

Une frustration dans les relations humaines, un échec en amitié ou en amour, peuvent avoir un effet dévastateur en rouvrant un peu plus cette vieille blessure d'abandon que nous avons tous en nous, qui s'est ouverte quand nous avons été séparés de notre mère en naissant. Les nombreux manques d'attention et de valorisation que nous avons connus ensuite l'ont agrandie, comme aussi certaines déceptions qui ont accru la crainte de n'être pas assez aimé. Tout cela se traduit par une peur intense, le sentiment qu'il va se produire un malheur sans savoir exactement lequel, comme la sensation de tomber dans le vide et personne pour nous retenir.

Voilà ce qu'est l'angoisse essentielle qui habite tous les cœurs humains et qui pousse à rechercher la sécurité dans le gain (parce que l'on pense pouvoir tout acheter avec de l'argent), dans le sexe, dans l'alcool, dans tout ce qui peut nous faire oublier un moment cette pénible insécurité intérieure. D'autres la recherchent dans la célébrité et la reconnaissance sociale, ou dans une nouvelle relation affective, qui ne fera qu'ajouter encore à la blessure. En effet, en attendant des relations humaines qu'elles nous libèrent de notre angoisse, nous leur demandons trop et nous allons au-devant de nouvelles et profondes souffrances.

On ne peut se soulager et guérir de cette angoisse qu'avec l'amour de Dieu, dans un contact fréquent et intense avec lui, dans la supplique confiante et la louange sincère. Nous savons qu'il est indispensable de lui consacrer du temps pour pouvoir remettre peu à peu notre angoisse entre ses mains, pour nous confier et trouver l'appui de son amitié et de son pouvoir infini. Mais nous ne nous décidons pas à le faire, ou bien nous ne nous livrons pas assez, parce que nous persistons à demander aux relations humaines de ce monde beaucoup plus que ce qu'elles peuvent nous apporter, et préférons courir le risque d'être frustrés. Et si nous subissons alors un nouvel échec, si un nouveau rejet, un oubli, un abandon, une critique, une agression nous blessent, nous ressentons finalement une terrible sensation de solitude et de peur, au plus profond de notre cœur.

Aujourd'hui, à une époque où l'on veut exploiter le temps pour en tirer le plus de plaisir possible, il est de plus en plus difficile d'en consacrer au Seigneur, et cette absence de Dieu finit par accroître notre angoisse.

En revanche, si nous nous tournons sincèrement vers lui, notre vie devient plus forte et plus solide. Avec lui, nous n'avons pas peur, nous ressentons en nous une grande sécurité, bien au-delà de nos préoccupations superficielles. Non parce qu'il nous évitera les problèmes, mais parce qu'il nous aidera à en tirer le meilleur pour avancer. Avec lui, nous ne craignons même pas la mort, nous pourrons l'affronter en sécurité. Quoi qu'il arrive, il sera là, d'une manière ou d'une autre il sera notre sauveur aimant. Alors nous pouvons dire comme sainte Thérèse d'Avila : « Que rien ne te trouble, que rien ne t'épouvante, tout passe. » Et si monte en nous l'envie de pleurer d'abandon, écoutons cette petite voix intérieure qui nous souffle : « Ton Père t'aime, ton Dieu infini t'aime, lui ne t'oublie pas, il est là, ses bras n'attendent que de te soutenir. Ton Père t'aime, ton Père t'aime, ton Père t'aime vraiment. »

Se savoir tant aimé, savoir que notre être a de la valeur et du sens, nous rend forts au cœur des luttes de la vie en société, sereins au milieu des critiques, des désaccords, des moqueries, des affronts, des jalousies, des rejets d'autrui.

On dit que tout est immensément calme au cœur d'un cyclone et que c'est la folle rotation de la spirale autour qui détruit tout. On peut vivre comme au centre du cyclone et se mêler ainsi au monde fou sans se briser. Même si autour de nous tout est concurrence, combat, adversité, rejet, mépris, on peut continuer à avancer résolument et en paix. Certains maîtres orientaux invitent leurs disciples à imaginer qu'ils sont comme une lourde pierre qui tombe dans un fleuve. Son poids l'entraîne au fond, et elle reste solide, tandis que le flux des inquiétudes passe et repasse à toute vitesse. Avec Dieu, nous sommes au cœur du cyclone, en sécurité, enracinés et, comme la pierre dans le lit du fleuve. Parce qu'en réalité, il est le roc et nous sommes forts en lui : « Je t'aime, Yahvé, ma force, Yahvé mon roc, ma forteresse et mon libérateur, mon Dieu, mon rocher en qui je m'abrite, mon bouclier, mon puissant salut, ma citadelle » (Ps 18, 2-4) ; « Ne crains pas car je t'ai racheté, je t'ai appelé par ton nom, tu es à moi. Quand tu traverseras les eaux, je serai avec toi » (Is 43, 1-2).

On voit dans des films d'aventure des êtres admirables, dotés d'une force exceptionnelle, qui peuvent vaincre les puissances du mal et sortir victorieux de toutes les batailles. Nous, spectateurs, rêvons de posséder ce même pouvoir qui nous permettrait d'affronter et de dominer nos adversaires. Mais l'amour, la capacité d'être compatissant au-delà de tout, est en réalité la seule force invincible. C'est l'amour qui nous permet de ne pas nous laisser perturber par une soif de vengeance ou par un orgueil blessé, parce qu'il nous rend capables de discerner toujours ce que cachent les attaques des autres. Seul l'amour peut avoir ce regard et se défendre sans agressivité inutile. Lui seul nous rend véritablement forts, aptes à traverser tout et à vaincre la mort.

Mais la force de l'amour, il faut la recevoir, parce qu'elle n'est pas humaine. Et pour pouvoir la boire à la source de l'amour divin, il faut être en contact avec le Seigneur, dans l'humilité, la confiance tendre que ses enfants expriment dans la prière quotidienne et profondément sincère. Quoi qu'il arrive, il m'aime et cherchera la manière de me faire avancer. Il m'aime tel que je suis, avec mes valeurs qu'il connaît bien, mes efforts qu'il voit et reconnaît plus que quiconque, et avec mes limites qu'il perçoit et comprend beaucoup mieux que moi-même.

Il est vrai que par moments, la vie nous paraît incompréhensible. Lui seul sait le sens de ce qui nous arrive et en connaît la fin. Lui seul perçoit le profit que nous pouvons tirer d'une sombre expérience. C'est pourquoi nous disons : « Notre Père, qui es aux cieux. » Cela ne signifie pas qu'il est loin, mais qu'il est au-dessus de nous, que nous n'avons qu'à lever les yeux pour nous rappeler qu'il existe un monde bien plus incommensurable que notre petit univers endolori et confus, un mystère que nous n'en finissons pas de découvrir, qui nous transcende, mais qu'un jour nous verrons.

Notre mission se réalise dans un échec qui n'est qu'apparent. Il nous semble que quelque chose est inutile, qu'une douleur n'a pas de sens, que ce qui nous arrive ne servira à rien, alors que, même si nous n'en percevons pas l'utilité maintenant, tout a un sens, toute souffrance est féconde, rien n'est vain. La foi en Dieu nous ouvre au mystère de la vie, un mystère qui dépasse les mathématiques, bien plus grand que les calculs de notre esprit. Dieu existe et tout est lumière, même si nos yeux demeurent dans l'obscurité. Alors, reviens à lui. Seule sa source intarissable guérit tout. Les angoisses les plus intenses ne s'apaisent que dans ses bras. N'aie de cesse de revenir à lui. Ta solitude amère n'est rien d'autre qu'une inquiétude vide, qu'une blessure lancinante, qu'un nœud que tu ressens dans la gorge. Reviens à l'unique amour inconditionnel qui jamais ne t'abandonne, le seul qui peut te soutenir et sauver ta vie, reviens à lui, quoi qu'il arrive. Laisse le baume de son amour guérir ton angoisse la plus profonde.

Mon Dieu, abîme de tendresse,
source infinie de paix,
mon père, mon ami, ma force.
J'ai besoin de toi Seigneur,
mon cœur te cherche, ma vie te réclame.
Mais comme un idiot je m'échappe,
je me défends de ton amour,
je cherche le salut dans les plaisirs du monde
et dans les choses terrestres.
Je me trompe à nouveau,
je deviens l'esclave de mes angoisses
et de mes leurres.
Alors je reviens maintenant vers toi Seigneur,
parce que sans toi, je ne peux rien,
avec toi seulement ma vie se libère
et ma joie renaît.
Avec toi, tout ce que je vis a un sens,
rien n'est vain.
Je veux trouver ma force en toi, mon Dieu.
Je reviens à toi Seigneur, humble et suppliant,

confiant et ouvert.
Je ne suis pas abandonné et ne le serai jamais,
parce que ton amour ne manque pas,
quoi qu'il arrive.
Tout finit par passer, mais toi tu demeures,
tes bras demeurent, ton espérance demeure.
Je reviens à toi, accueille-moi Seigneur.
Amen.

VIII

Des recettes qui ne suffisent pas, mais qui accompagnent

Lorsqu'une angoisse te fait douloureusement souffrir, les uns vont te conseiller de faire une promenade, d'aller respirer l'air frais, de faire de la gymnastique, de te distraire d'une façon ou d'une autre. D'autres te diront de te consacrer à ton travail, de t'intéresser davantage à ce que tu fais. D'autres encore te recommanderont de t'amuser, de sortir le soir, ou d'avoir des relations sexuelles. Autant de recettes qui, si elles t'apportent une sensation très passagère de libération, ne font que s'attaquer aux symptômes, tandis que le malaise intérieur s'amplifie et te ronge.

Et justement parce qu'elles masquent les symptômes, ces solutions trompeuses se transforment facilement en vices ou en obsessions. Un exemple : comme tu as le sentiment que le sport te fait oublier pour un moment ce qui provoque ton angoisse, tu vas en faire de plus en plus, jusqu'à saturation. Et c'est la même chose avec le sexe, les voyages, le chocolat, et même avec le travail. Pour éclipser ton angoisse, tu t'y adonnes frénétiquement, et comme tu ne reçois des autres ni affection ni reconnaissance, cela t'obsède et tu t'actives sans retenue.

Or une obsession ne se guérit qu'avec la liberté et non par une autre obsession. Ne te leurre pas, ne te mens pas. Prends-toi au sérieux et cherche à soigner la racine de ton angoisse. Cela te permettra d'apprendre à vivre mieux et à faire en sorte que ton avenir ne soit pas pire que ton présent.

Il faut toutefois admettre que se bouger, se relaxer de temps à autre, marcher, écouter de la musique, respirer profondément, contempler un peu le ciel, parler avec d'autres gens fait du bien, comme aussi prendre grand plaisir à quelque travail que ce soit. Cela ne suffira pas à te guérir de tes angoisses, mais ce sera toujours mieux que de te cloîtrer dans ton petit monde et de mener une vie sédentaire et oisive. Tu ne guériras pas en t'amusant, mais pas non plus en t'enfermant dans ton univers intérieur, en perdant le contact avec ton corps, avec l'extérieur, avec la nature. Tout s'additionne. Si tu laisses la vie s'échapper, tu ne la rattraperas jamais.

Table

Achevé d'imprimer en juillet 2020
sur les presses de
La Manufacture - Imprimeur – 52200 Langres
Tél. : (33) 325 845 892

N° imprimeur : 200482 - Dépôt légal : juillet 2020
Imprimé en France

CET OUVRAGE A ÉTÉ COMPOSÉ
EN NEW ASTER
CORPS 11 POINTS
PAR NORD COMPO
À VILLENEUVE-D'ASCQ (NORD).